AF349504

Edict du Roy pour l'attribution de six *deniers aux* Greffiers des Eslections de ce Royaume.

OVYS par la grace de Dieu Roy de France & de Nauarre. A tous presens & aduenir, Salut, Ayant resolu pour nous opposer aux pernicieux desseings de ceux qui se sont liguez & esleuez en armes contre nous & s'efforcent de troubler le repos & tranquillité de cet Estat, de mettre sus pied de puissantes armées, & faire leuer encores plusieurs gens de guerre dans les Prouinces de nostre Royaume, iusques au nombre suffisant pour leur conseruation, & les grandes & excessiues despenses que nous auons faites a cause des mouuemēs passez, nous ayāt reduit à tel point, que pour trouuer le fons necessaire pour l'armemēt desdits gens de guerres, Nous sommes contraincts de nous seruir de toutes sortes de moyens extraordinaires ; Nous auons estimé plus à propos d'attribuer quelques droicts a aucuns de nos officiers, & en diminuer d'autant le re-

A

uenu de nos tailles , que de recourir a d'autres moyens qui feroient a furcharge a nos
fubiects: C'eft pourquoy ayant confideré
que les Greffiers des Eflections de ceftuy
noftre Royaume, n'ont aucuns droicts que
les efmolumens ordinaires de leurs Greffes:
Nous auons creu qu'en leur attribuãt quelques droicts ainfi que nous auons faict aux
Gardes des Seaux, & Maiftres Clercs defdites Eflections, & Greffiers des Eflections
de noftre Prouince de Normandie, a prendre fur le fonds de nofdites Tailles, & en
defchargeans nofdits fubjets, de ce a quoy
pourra monter cefte attribution, nous tire-
rions promptemẽt vne notable fomme de
deniers de ce qui en pouroit prouenir, pour
fatisfaire a parties defdites defpenfes: A ces
caufes, Sçauoir faifons, qu'ayant mis cefte
affaire en deliberation en noftre Confeil,
où eftoient aucuns Princes de noftre fang,
autres Princes Officiers de noftre Couron-
nes, & autres grands & notables Perfonna-
ges, de l'aduis d'iceluy, & de noftre certaine
fcience, plaine puiffance & auctorité Royalle, Auons par ceftuy noftre prefent Edict
perpetuel, & irreuocable attribué, vny &
incorporé, Attribuons, Vniffons & incor-
porons a chacun des Greffiers des Efle-

étions de ce Royaume, six deniers pour liure, à prēdre dorefnauāt, & a toufiours fur tous les deniers qui s'impoferont &leuerōt pour nos Tailles, Taillon, creuës y ioinétes & autres creuës extraordinaires que pour quelques caufes & occafion que ce foit, en vertu de nos LettresPatentes,& de nos fucceffeurs ROYS, fur nos fujects des Parroiffes defdites Eflections, & leur eftre dorefnauant payez par les mains des Colleéteurs des Tailles de quartier, en quartier, ainfi & par la mefme forme que les droicts de fignatures de roolles des Officiers defdites Eflections , & ceux des Commiffaires des Tailles, & Gardes des Petits Seaux des Eflections, lefquels six deniers pour liure , Nous voulons eftre pris fur le fonds de nos Tailles , & creuës , & qu'elles en foient d'autant diminuées par nos Commiffions qui feront par nous enuoyées pour la leuée d'icelle en l'année prochaine : Et afin que nous puiffions tirer promptemēt le fecours que nous efperons de ladite attribution. Nous voulons que lefdits Greffiers des Eflections foient tenuz de nous payer dans quinzaine apres la fignification qui leur fera faite, és mains duTreforier de nos parties cafuelles, les fommes

ausquelles ils seront moderément taxez en
nostre Conseil, pour iouyr de ladite attribution : Et a faute de ce faire dans ledit
temps, ils en seront d'escheuz, sans qu'ils y
puissent estre cy apres receuz, & sera procedé a la reuëte des Greffiers desdites Eslections, par les Commissaires qui seront par
nous a ceste fin deputez pour iouyr par cha
cun des acquereurs, tant des anciës gaiges,
droits, reuenuz & esmolumens y apparte-
nant, & attribuez, que desdits six deniers
pour liure sur tout ce qui s'imposera cy-
apres en vertu de nosdites Lettres Patentes,
sans y pouuoir estre troublez ny empeschés
en quelque sorte que ce soit, ny lesdits acquereurs, leurs hoirs, successeuts, & ayant
cause depossedez, qu'en les rembourçeant
comptans, a vn seul payement des deniers
qu'ils auront payez pour l'acquisition desdits Greffes, y compris ladite nouuelle attribution, suyuant les contracts qui leur en
seront faits & passez par lesdits Commissaires : ensemble de leurs fraiz & loyaux
coups : Sans neantmoins que les anciens
acquereurs desdits Greffes en puissent estre
depossedez , qu'ils ne soient rembourcez
des deniers actuellement payez en nos cof-
res pour leur acquisition, ou deue consi-

gnation d'iceux aux termes de nos ordonnances en cas de saisie, où autre empesche-
ment procedant de leur faict, & de leurs
fraiz & loyaux coufts, fuiuant la liquidatiõ
qui en fera faite par lefdits Commiffaires.
Si donnons en Mandement a nos amez &
feaux Confeillers les Gens tenans noftre
Cour des Aydes à Paris, Prefidens, & Tre-
foriers Generaux de France ez Generalitez
qu'il appartiendra, que ces prefentes ils faf-
fent lire, publier & enregiftrer : & du contenu d'icelles iouyr & vfer les acquereurs
defdites charges, leurs hoirs, fucceffeurs, &
ayans caufe, fans permettre qu'il foit faict,
mis ou donné aucun empefchement au cõ
traire, nonobftant oppofitions ou appella-
tions quelconques, & tous autres Edicts,
& Reglemens, & lettres a ce contraires,
aufquelles, & aux defrogatoires des defrogatoires y contenuës : Nous auons defiogé
& defrogeons par ces prefentes. Car tel eft
noftre plaifir. Et afin que ce foit chofe fer-
me & ftable a toufiours. Nous auõs a icelles
faict mettre & apofer noftre fcel. Donné
à Caën au mois de Iuillet, l'an de grace mil
fix cens vingt, & de noftre regne le vnzi-
efme.   Signeé   LOVYS.
Et fur le reply, Par le Roy, de Lomenye.

& fcellé en double queuë en lacs de foye
rouge & verte, de cire vert.   Et fur ledit
reply eft efcrit, regiftrées en la Cour des
Aydes, Ouy le Procureur General du Roy,
fuiuant & aux charges portées par l'Arreft
de ladite Cour du iourd'huy. A Paris le
quatriefme iour d'Aouft mil fix cens vingt.
Signé   D V P V Y.

Extraict des Regiftres de la Cour des Aydes.

VEu par la Cour les lettres patentes du
Roy en forme d'Edict , données à
Caën au mois de Iuillet mil fix cens vingt,
figné Louys : & fur le reply, Par le Roy,
Delomenie, & feellée en cire verte fur lacz
de foye rouge & vert : Par lefquelles, & pour
les caufes y contenuës, Sa Majefté , de l'aduis de fon Confeil, auroit par ledit Edict irreuocable, attribué, vny & incorporé à chacun des Greffiers des Eflections de ce Royaume, fix deniers pour liure , à prendre d'o-
refnauant & à toufiours, fur tous les deniers
qui s'impoferont & leueront pour nos Tailles, Taillon, & creuës extraordinaires , que
pour quelque caufe & occafiõ que ce foit,

en vertu defdites lettres patentes, & autres
de fes fucceffeurs Roys fur les fubjects de
fadite Maiefté; & leur eftre d'orefnauant
payez par les mains des collecteurs des tailles, de quartier en quartier, ainfi & par la
mefme forme que les droicts de fignatures
de rolles des officiers defdites Eflections,
& ceux des commiffaires des tailles, & gar-
de des petits feaux defdites Eflections :
lefquels fix deniers pour liure, fadite Majefté veut eftre pris fur le fonds des Tailles,
& creuës, & qu'elles en foient d'autant diminuées par les commiffions qui feront
enuoyées pour la leuée d'icelle en l'annee
prochaine. Et afin que fadite Majefté puif-
fe auoir promptement le fecours qu'elle
efpere de ladite attribution, veut que lefdits Greffiers defdites Eflections, foyent te-
nus de payer dans quinzaine apres la fignification qui leur fera faicte, és mains du
Treforier des parties cafuelles, les fommes
aufquelles ils feront moderement taxés en
fon Confeil, pour ioüyr de ladite attribution : & à faute de ce faire dans ledit temps,
ils en feront decheuz, fans qu'ils y puiffent
cy apres eftre reçeuz, & fera procedé à la
reuente defdits Greffes defdites Eflections,
par les Commiffaires qui feront par elle à ce

deputez, pour ioüir par chacun defdits acquereurs, tant des anciens gages, droicts, reuenns, & emoluments y attribuez, que defdits fix deniers pour liure fur tout ce qui s'impofera cy apres, en vertu defdites lettres patentes, fans y pouuoir eftre troublez & empefchez en forte que ce foit, ny lefdits acquereurs, leurs hoirs, fucceffeurs, & ayāt caufe de poffedez qu'en les rembourçeant comptant, a vn feul payement des deniers qu'ils auroient payez pour l'acquifition defdits Greffes, y compris ladite nouuelle attribution, fuyuant les contracts qui leur eu feront faicts & paffez par lefdits Commiffaires, enfemble de leurs fraiz & loyaux coufts : Sans neantmoins que les anciens acquerreurs defdits Greffes en puiffēt eftre depoffedez qu'ils ne foient rēbourcez des deniers actuellemenr payez en fes coffres pour leur acquifition, où deuë confignation d'iceux, aux termes des ordonnances & en cas de faifie, où autre empefchemēt procedant de leur fait, & de leurs fraiz & loyaux coufts, fuyuant la liquidation qui en fera faite par lefdits Commiffaires. Ledit Edict, Conclufions du Procureur general, Veu & confideré : La Cour ayant efgard aux vrgentes affaires du Roy, a Ordonné & Ordonne

& Ordonne, que lesdites lettres en forme
d'Edict, seront leuës, publiées, & regiftrées
au Greffe d'icelle selō leur forme & teneur:
& a la charge neantmoins que les six deniers dont est question seront diminuez au
peuple pour les commissions de l'aduenir,
& pris sur le fonds des leuées qui se feront
pour le Roy seulement, & non sur les deniers qui s'imposeront pour les particuliers:
& que les Commissaires qui seront establis
pour la vente de ladite attribution ne pour-
ront entreprendre a autre iurisdiction con-
tentieuse. Prononcé le quatriesme iour
d'Aoust mil six cens vingt.

Signé PAVLMIER.

*Declaration du Roy pour leuer la modifi-
cation de l'Arrest de la Cour des
Aydes sur l'Edict du mois de Iuillet
mil six cens vingt.*

LOVYS par la grace de Dieu Roy de
France & de Nauarre. A tous ceux qui
ces presentes lettres verront, Salut, sçauoir
faisons, qu'ayant fait voir en nostre Conseil
l'Arrest donné en nostre Cour des Aydes
establie a Paris le 4. du mois d'Aoust dernier, par lequel procedant a l'enregistremēt

B

& verification de noftre Edict du mois de
Iuillet, portant attribution aux Greffiers
des Eflections de noftre Royaume, de fix
deniers tournois pour liure, a prendre fur
tous les deniers qui s'impoferont & leuerõt
fur nos fubiets des Villes, Bourgs & parroiffes defdites Eflections. Tant pour nos
Tailles, Taillon, creuës y ioinctes,& autres
creuës extraordinaires, que pour quelque
caufe & occafion que ce foit, en vertu de
nos lettres patentes, & de nos fucceffeurs
Roys. La Cour auroit ordonné que lefdits
fix deniers feroient diminuez a noftre peuple par les commiffions de l'aduenir,& pris
fur le fondz des leuées qui fe feroient pour
nous feulement, & non fur les deniers qui
s'impoferont pour les particuliers, Et ne
voulans que ladite modification porte pre-
iudice a ce qui eft de noftre intention por-
tee par noftredit Edit, Laquelle à toufiours
efté comme elle eft encores a prefent, que
lefdits fix deniers pour liure foient pris &
leuez fur tous les deniers qui s'impoferont
fur nos fujets cõtribuables aux Tailles pour
quelque caufe & occafion que ce foit:mef-
mes en vertu des affiettes particulieres, &
pour les affaires communes defdites Villes,
Bourgs & parroiffes: Ayant toufiours creu

& estimé que cefte attribution fur lefdites
leuèes particulieres n'eft de telle confide-
ration & importance, qu'elle merite de rē-
dre la perception & iouïflance des droiĉts
que nous oĉtroyons aux Greffiers de nos
Flſeĉtions, differēte d'auec celles des droits
que prennent les autres Officiers defdites
Eſleĉtions, Gardes des petits fceaux, & Cõ-
miflaires de nos Tailles ; puis que comme
eux ils trauaillent aux expeditions qui fe fõt
en noſdites Eſleĉtions pour lefdits particuliers , en ce qui dépend de leurs charges, &
& qu'ils s'y emploient comme aux noftres,
defirans d'ailleurs pouruoir pour toufiours
a ce que noftredit Ediĉt, & ledit Arreft de
noftredite Cour, en ce qui regarde le fou-
lagement de nos fubjets contribuables aux
Tailles, pour le fait de ladite attribution de
fix deniers pour liure, foyent obferuez en
telle forte que noſdits fujets par inaduertance où autremēt, n'en puiflent eftre char-
gez à l'aduenir, ny lefdits Greffiers ou autres acquereurs, troublez ny inquietez en
leur iouyflance: A ces caufes, de l'aduis de
noftre Confeil, & de noftre certaineſcience,
plaine puiflance & authoriré royalle, Nous
auons par ces prefentes fignées de noftre
main, Dit & declaré, difons & declarons,

Voulons, Ordonnōns & nous plaiſt, que
ſuyuant noſtredit Edict du mois de Iuillet
dernier, cy attaché ſouz le contreſcel de
noſtre Chancellerie, & ſans nous arreſter à
ladite modification portée par ledit Arreſt
de noſtredite Cour. Les Greffiers deſdites
Eſlections, où autres acquereurs de ladite
nouuelle attributiō deſdits ſix deniers tournois pour liure, iouyſſent d'icelle, & la prennent & reçoiuent ſur tous les deniers qui
s'impoſeront & leueront ſur nos ſujets contribuables aux tailles des Villes, Bourgs &
Parroiſſes du reſſort de leur eſtabliſſement,
pour quelque cauſe & occaſion que ce ſoit:
meſmes pour ceux qui ſe leueront par aſ-
ſiette particulieres, & pour les affaires communes deſdites Viiles, Bourgs & Parroiſſes
ſans aucunes excepter: lequel droict ſera
compris dans les Roolles des aſſiettes, auec
les frais d'icelles, ainſi que les droits de
ſignatures de Roolles, Commiſſaires des
tailles, & autres de pareille nature: & payé
auſdits acquereurs par leſdits Collecteurs,
ſuyuant noſtredit Edict. Et afin que noſdits
ſujets ſoient aſſeurez de ne receuoir aucune
ſurcharge conſiderable, par le moyen de
ladite attribution de ſix deniers pour liure,
& ceux qui les voudront acquerir, de la

iouyſſance certain d'iceux:

Novs vovlons, & Ordonnons
que ſi par inaduertance les diſtractious deſdits ſix deniers venoient à eſtre obmiſes
par les breuets, & Commiſſions qui s'enuo-
yeront pour les departemens & leuées des
deniers, tant de nos tailles, taillon, ſolde des
Preuots des Mareſchaux, des creuës y ioin-
tes, que de la creuë des garniſons, & autres
creuës extraordinaires compriſes és commiſſions d'icelles, les Preſidents & Treſo-
riers generaux de France en faiſans leſdits
departememens, & les Eſleuz en procedāt
au departemēt des aſſiettes deſdits deniers,
ayent ſoin de faire leſdites diſtractions. Et
pareilſement ſi par aucunes deſdites commiſſions, ou autres qui leur ſerōt enuoyees
au courant de l'année, il n'eſtoit faict men-
mention d'impoſer & leuer leſdits ſix deniers, ainſi, & comme les autres droicts attribuez aux officiers deſdites eſlections, &
commiſſaires des Tailles, leſdits ſix deniers
ſoient neantmoins impoſez & leuez, le tout
ſans qu'il ſoit beſoin d'autre declaration
plus expreſſe, ny particuliere que ceſdites
preſentes: Dequoy faire auons à chacun
deſdits officiers dés maintenant comme
pour lors, Donné & attribué, Donnons &

attribuons tout pouuoir, auctorité & mandement special. SI DONNONS EN
MANDEMENT à nos amés & feaux
Conseillers les gens tenans nostre Cour des
Aydes à Paris, Que tous affaires cessans &
postposez, sans attendre de nous autre mã-
dement plus exprez, n'y s'arrester á ladite
modification portée par leurdit Arrest, ils
ayent à proceder à l'enregistrement pur &
simple de nostredit Edict : Ensemble faire
lire, publier, & regstrer cesdites presentes,
selon leur forme & teneur, sans y apporter
aucune restrinction, ny difficulté : MAN-
DONS aussi à nos amez & feaux Conseil-
liers les Presidents & Tresoriers generaux
de France, establis és generalitez du ressort
de nostredite Cour, & aux officiérs des
Eslections en dependans, que chacun en-
droict soy, ils fassent entretenir, garder &
obseruer, entretiennent, gardent & obser-
uent le contenu en nostredit Edict, & cesdites presentes, sans permettre qu'il soit
faict, mis, ny donnè aucun trouble ny em-
peschement au contraire, à peine d'en re-
spondre en leurs propres & priuez noms. Et
pource que de cesdites presentes, & dudit
Edict on pourra auoir besoin en plusieurs
& diuers lieux, Nous voulons qu'aux cop-

pies d'iceux deuément collationnées, foy
foit adiouftée comme aux originaux, nonobftant quelconques Edicts, Declarations,
Ordonnances, Arrefts, & Reglemens à ce
contraires, Aufquels & à la derogatoire
des derogatoires y contenuës, Nous auons
derogé & derogeons par cefdites prefentes, Car tel eft noftre plaifir. En tefmoin dequoy nous auons faict mettre noftre feel à
cefdites prefentes. DONNE' à Bordeaux
le vingt-huictiefme iour de Septembre mil
fix cens vingt, & de noftre regne le vnzief-
me. Signé, LOVYS, & plus bas par le
Roy. DELOMENIE, & feellée-

Collationné aux originaux, par moy
Confeiller en Secretaire du Roy.